AF188986

Impressum
Verlag: BABADADA GmbH, Nedderfeld 112 , 22529 Hamburg
Geschäftsführer / Verlagsleitung: Harald Hof
Druck: Books on Demand GmbH, In de Tarpen 42, 22848 Norderstedt

Imprint
Publisher: BABADADA GmbH, Nedderfeld 112 , 22529 Hamburg, Germany
Managing Director / Publishing direction: Harald Hof
Print: Books on Demand GmbH, In de Tarpen 42, 22848 Norderstedt, Germany

Szkoła

skole

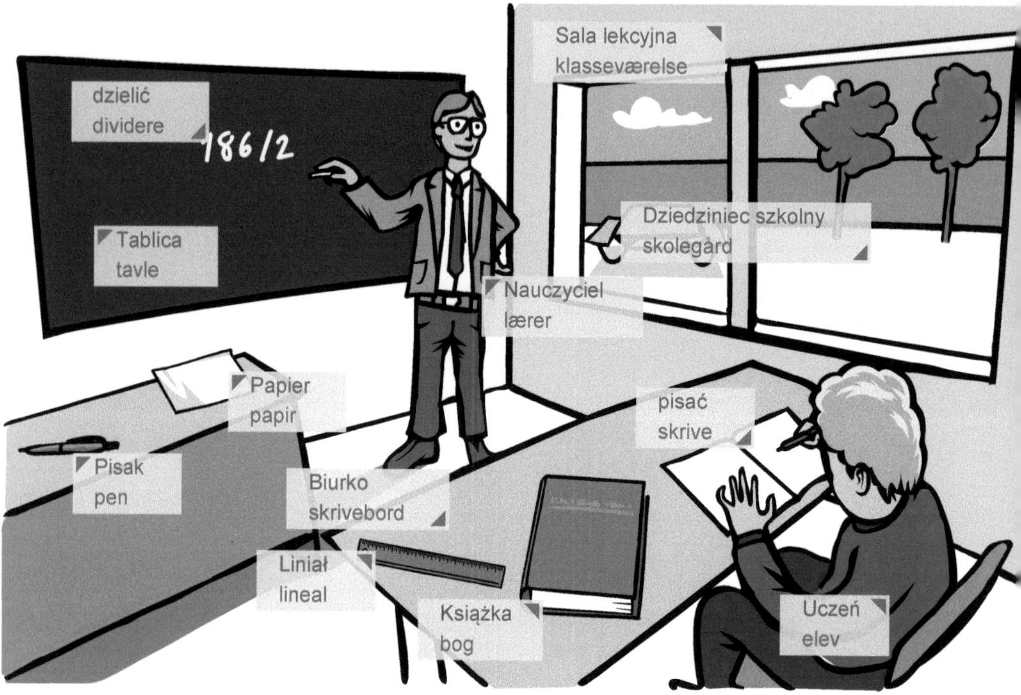
Sala lekcyjna
klasseværelse
dzielić
dividere
186/2
Tablica
tavle
Dziedziniec szkolny
skolegård
Nauczyciel
lærer
Papier
papir
pisać
skrive
Pisak
pen
Biurko
skrivebord
Liniał
lineal
Książka
bog
Uczeń
elev

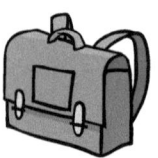

Plecak szkolny
....
skoletaske

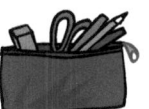

Piórnik
....
penalhus

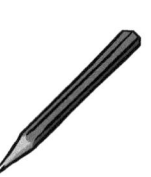

Ołówek
....
blyant

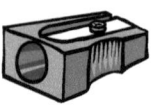

Temperówka
....
blyantspidser

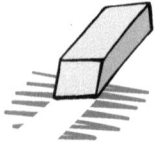

Gumka do mazania
....
viskelæder

Blok rysunkowy
....
tegneblok

Rysunek

tegning

Pędzel

pensel

Pudełko z akwarelami

æske med vandfarver

Nożyce

saks

Klej

lim

Książka do ćwiczenia

opgavehefte

Zadanie domowe

lektie

12

Liczba

tal

2+2

dodawać

addere

5-2

odejmować

subtrahere

2×2

mnożyć

multiplicere

liczyć

regne

A

Litera

bogstav

ABCDEFG HIJKLMN OPQRSTU VWXYZ

Alfabet

alfabet

hello

Słowo

ord

Tekst

tekst

czytać

læse

Kreda

kridt

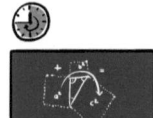

Godzina

time

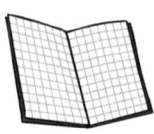

Dziennik lekcyjny

klasseprotokol

Egzamin

eksamen

Świadectwo

karakterbog

Mundurek szkolny

skoleuniform

Wykształcenie

uddannelse

Leksykon

leksikon

Uniwersytet

universitet

Mikroskop

mikroskop

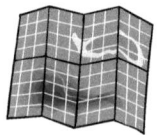

Mapa

kort

Kosz na odpadki

papirkurv

Podróż
rejse

Hotel
hotel
Grand
Schronisko
herberg
ROOMS
EXCHANGE
Kantor wymiany walut
vekselkontor
Walizka
kuffert
Auto
bil

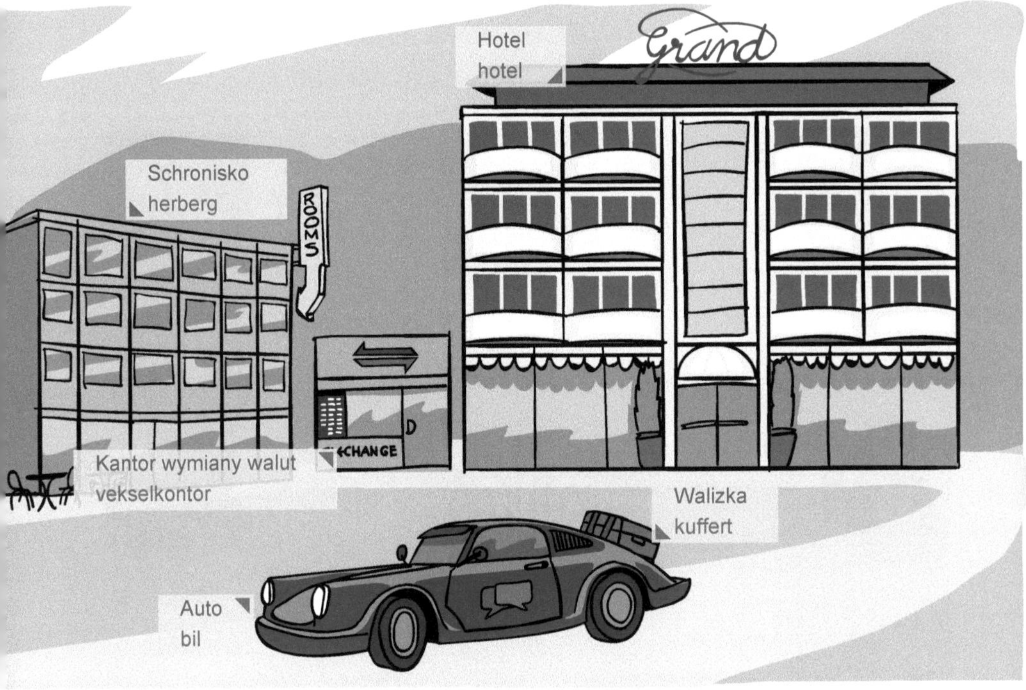

Język
sprog

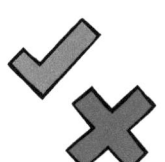

tak / nie
ja / nej

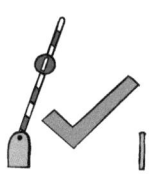

OK
okay

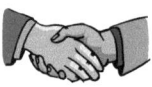

Halo
hej

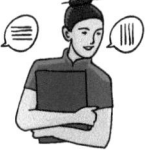

Tłumacz
oversætter

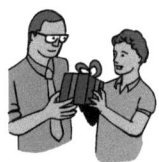

Dziękuję
tak

Ile kosztuje ...?

hvad koster...?

Nie rozumiem

Jeg forstår ikke

Problem

problem

Dobry wieczór!

God aften!

Dzień dobry!

God morgen!

Dobranoc!

God nat!

Do widzenia

farvel

Kierunek

retning

Bagaż

bagage

Torba

taske

Plecak

rygsæk

Gość

gæst

Pokój

værelse

Śpiwór

sovepose

Namiot

telt

Informacja turystyczna

turistinformation

Plaża

strand

Karta kredytowa

kreditkort

Śniadanie

morgenmad

Obiad

middagsmad

Kolacja

aftensmad

Bilet

billet

Winda

elevator

Znaczek na list

frimærke

Granica

grænse

Cło

told

Ambasada

ambassade

Wiza

visum

Paszport

pas

Samolot
flyvemaskine

Statek
skib

Pojazd straży pożarnej
brandbil

Samochód ciężarowy
lastbil

Autobus
bus

Łódź motorowa
motorbåd

Samochód ciężarowy
lastbil

Rower
cykel

Auto
bil

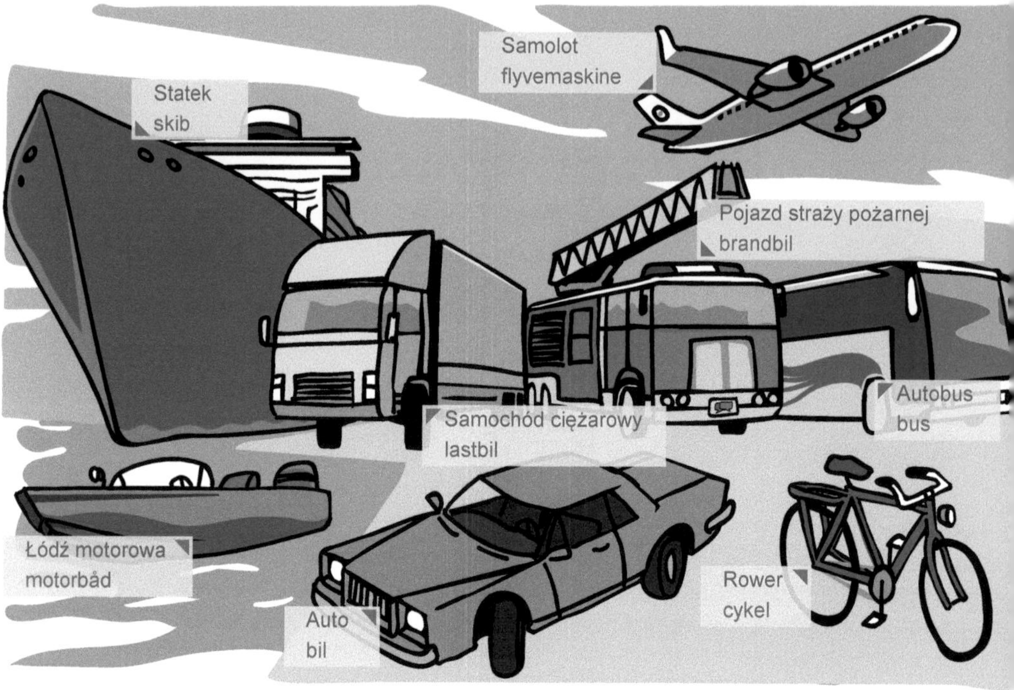

Prom

færge

Łódź

båd

Motocykl

motorcykel

Radiowóz policyjny

politibil

Samochód wyścigowy

racerbil

Samochód wypożyczony

lejebil

Wspólne przejazdy
samochodem
samkørsel

Samochód pomocy
drogowej
kranbil

Śmieciarka
....
skraldebil

Silnik
....
motor

Benzyna
....
benzin

Stacja benzynowa
....
tankstation

Znak drogowy
....
trafikskilt

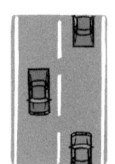

Ruch
....
trafik

Korek
....
trafikprop

Parking
....
parkeringsplads

Dworzec
....
banegård

Szyny
....
skinner

Pociąg
....
tog

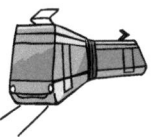

Tramwaj
....
sporvogn

Wagon
....
wagon

Helikopter

helikopter

Lotnisko

lufthavn

Wieża

tårn

Pasażer

passager

Kontener

container

Karton

karton

Taczka

kærre

Kosz

kurv

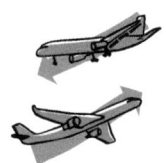

startować / lądować

starte / lande

Miasto
by

Wieś

landsby

Centrum miasta

bymidte

Dom

hus

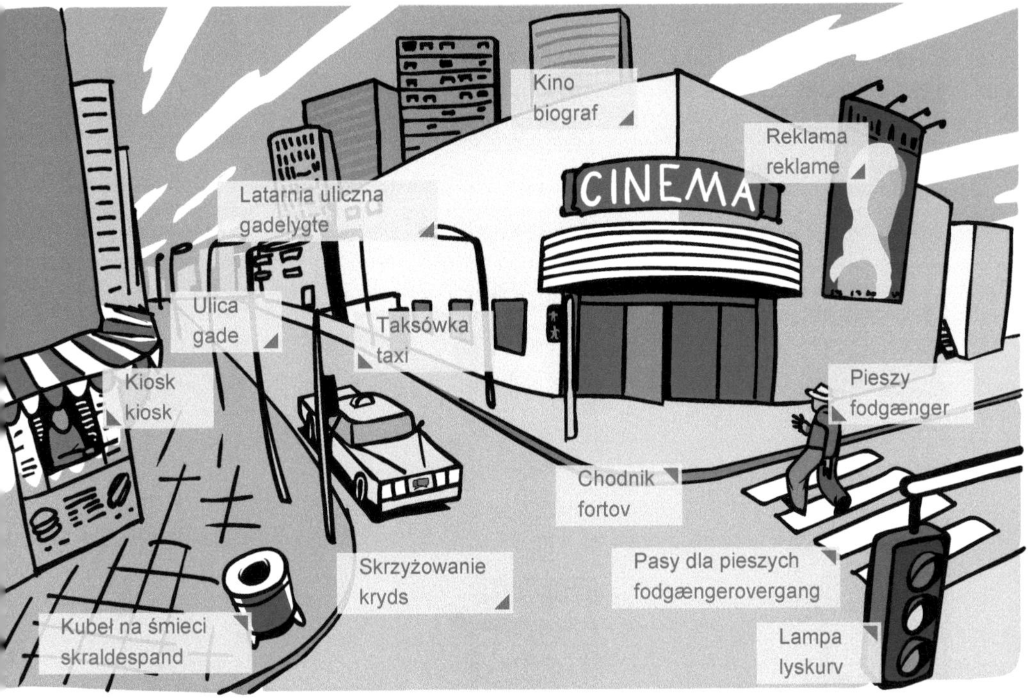

Kino
biograf

Reklama
reklame

Latarnia uliczna
gadelygte

CINEMA

Ulica
gade

Taksówka
taxi

Kiosk
kiosk

Pieszy
fodgænger

Chodnik
fortov

Skrzyżowanie
kryds

Pasy dla pieszych
fodgængerovergang

Kubeł na śmieci
skraldespand

Lampa
lyskurv

Chata
....
hytte

Mieszkanie
....
lejlighed

Dworzec
....
banegård

Ratusz
....
rådhus

Muzeum
....
museum

Szkoła
....
skole

Uniwersytet

universitet

Bank

bank

Szpital

sygehus

Hotel

hotel

Apteka

apotek

Biuro

kontor

Księgarnia

boghandel

Sklep

butik

Kwiaciarnia

blomsterbutik

Supermarket

supermarked

Rynek

marked

Dom towarowy

stormagasin

Sklep z rybami

fiskehandler

Centrum handlowe

butikscenter

Port

havn

Park

park

Ławka

bænk

Most

bro

Schody

trappe

Metro

undergrundsbane

Tunel

tunnel

Przystanek autobusowy

busstoppested

Bar

barnevogn

Restauracja

restaurant

Skrzynka na listy

postkasse

Tabliczka z nazwą ulicy

vejskilt

Parkometr

parkometer

Zoo

zoo

Łaźnia

badeanstalt

Meczet

moske

Gospodarstwo chłopskie
bondegård

Zanieczyszczenie środowiska
miljøforurening

Cmentarz
kirkegård

Kościół
kirke

Plac zabaw
legeplads

Świątynia
tempel

Krajobraz
landskab

Liść
blad

Drogowskaz
vejviser

Droga
vej

Łąka
eng

Kamień
sten

Wędrowiec
vandrer

Drzewo
træ

Rzeka
flod

Trawa
græs

Kwiat
blomst

Dolina

dal

Góra

bjerg

Jezioro

sø

Las

skov

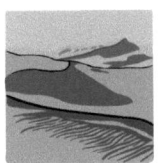

Pustynia

ørken

Wulkan

vulkan

Zamek

slot

Tęcza

regnbue

Grzyb

svamp

Palma

palme

Komar

moskito

Mucha

flue

Mrówka

myre

Pszczoła

bi

Pająk

edderkop

Chrząszcz

bille

Żaba

frø

Wiewiórka

egern

Jeż

pindsvin

Zając

hare

Sowa

ugle

Ptak

fugl

Łabędź

svane

Dzik

vildsvin

Jeleń

hjort

Łoś

elg

Tama

dæmning

Wiatrak

vindmølle

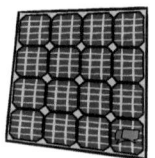

Moduł solarny

solcellemodul

Klimat

klima

Restauracja
restaurant

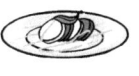

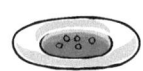

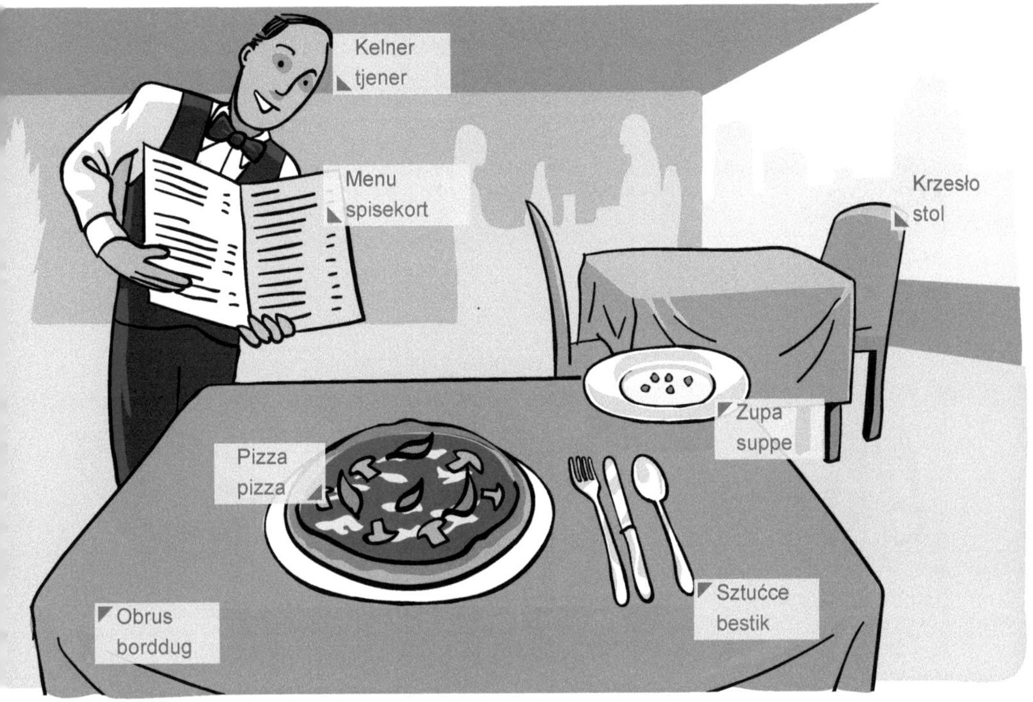

Kelner
tjener
Menu
spisekort
Krzesło
stol
Zupa
suppe
Pizza
pizza
Sztućce
bestik
Obrus
borddug

Przystawka
forret

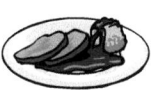

Danie główne
hovedret

Deser
dessert

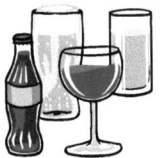

Napoje
drikkevarer

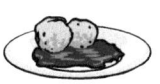

Jedzenie
mad

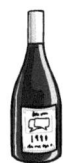

Butelka
flaske

Fastfood

fastfood

Streetfood

streetfood

Dzbanek na herbatę

tekande

Cukierniczka

sukkerdåse

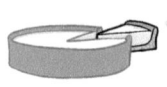

Porcja

portion

Zaparzarka do espresso

espressomaskine

Krzesło dla dziecka

barnestol

Rachunek

faktura

Taca

tablet

Noż

kniv

Widelec

gaffel

Łyżka

ske

Łyżeczka

teske

Serwetka

serviet

Szklanka

glas

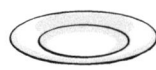

Talerz

tallerken

Talerz do zupy

dyb tallerken

Podstawek pod filiżankę

underkop

Sos

sovs

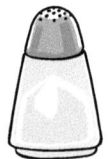

Solniczka

saltbøsse

Młynek do pieprzu

peberkværn

Ocet

eddike

Olej

olie

Przyprawy

krydderier

Keczup

ketchup

Musztarda

sennep

Majonez

mayonnaise

Supermarket
supermarked

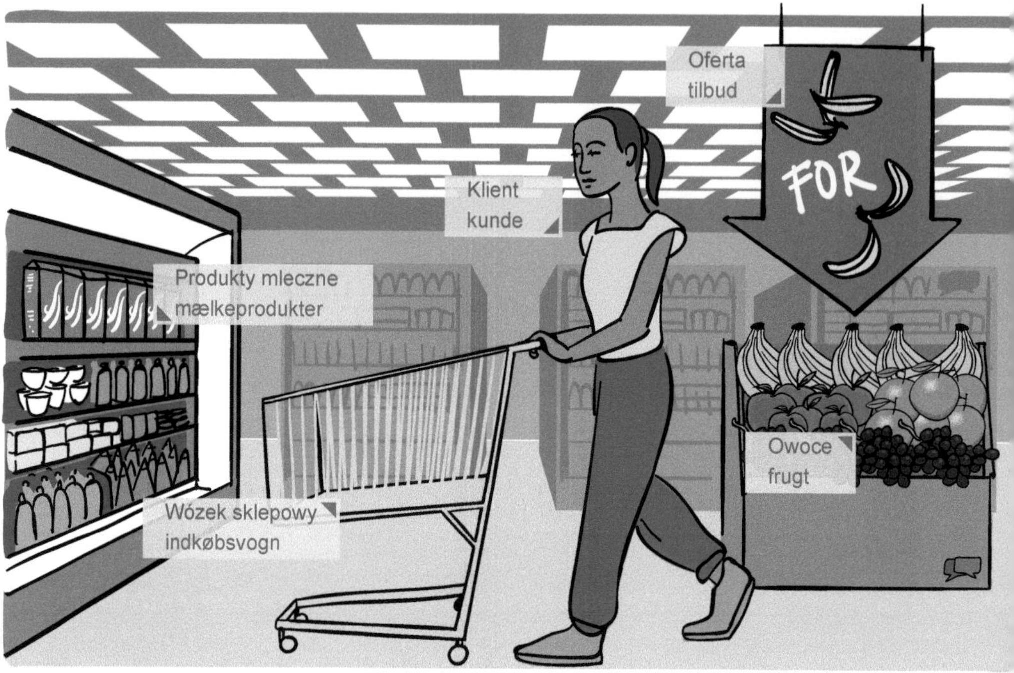

Oferta
tilbud
FOR
Klient
kunde
Produkty mleczne
mælkeprodukter
Owoce
frugt
Wózek sklepowy
indkøbsvogn

BUTCHERS

Rzeźnia

slagter

BAKERY

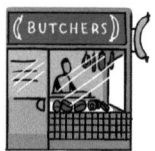

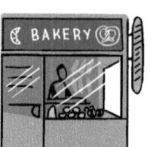

Piekarnia

bageri

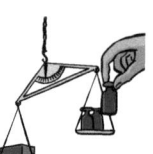

ważyć

veje

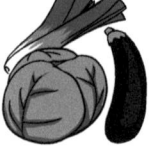

Warzywa

grøntsager

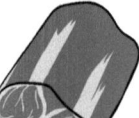

Mięso

kød

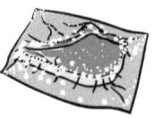

Mrożonki

frostvarer

Wędliny

pålæg

Konserwy

konserves

Proszek m do prania

vaskemiddel

Słodycze

slik

Artykuły użytku domowego

husholdningsvarer

Środek czyszczący

rengøringsmidler

Sprzedawczyni

ekspedient

Kasa

kasse

Kasjer

kasserer

Lista zakupów

indkøbsliste

Godziny otwarcia

åbningstider

Portfel

tegnebog

Karta kredytowa

kreditkort

Torba

taske

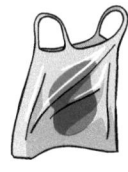

Torebka plastikowa

plasticpose

Woda

vand

Sok

saft

Mleko

mælk

Cola

cola

Wino

vin

Piwo

øl

Alkohol

alkohol

Kakao

kakao

Herbata

te

Kawa

kaffe

Espresso

espresso

Cappuccino

cappuccino

Banan

banan

Jabłko

æble

Pomarańcza

appelsin

Arbuz

melon

Cytryna

citron

Marchew

gulerod

Czosnek

hvidløg

Bambus

bambus

Cebula

løg

Grzyb

svamp

Orzechy

nødder

Makaron

nudler

Spaghetti

spaghetti

Ryż

ris

Sałatka

salat

Frytki

pomfritter

Ziemniaki pieczone

stegte kartofler

Pizza

pizza

Hamburger

hamburger

Kanapka

sandwich

Sznycel

schnitzel

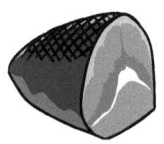

Szynka

skinke

Salami

salami

Kiełbasa

pølse

Kura

kylling

Pieczeń

steg

Ryba

fisk

Płatki owsiane

havregryn

Musli

mysli

Płatki kukurydziane

cornflakes

Mąka

mel

Croissant

croissant

Bułka

rundstykke

Chleb

brød

Toast

toast

Ciastka

kiks

Masło

smør

Twarożek

kvark

Ciasto

kage

Jajko

æg

Jajko sadzone

spejlæg

Ser

ost

Lody

is

Cukier

sukker

Miód

honning

Marmolada

marmelade

Krem nugatowy

nougat-creme

Curry

karry

Gospodarstwo chłopskie
bondegård

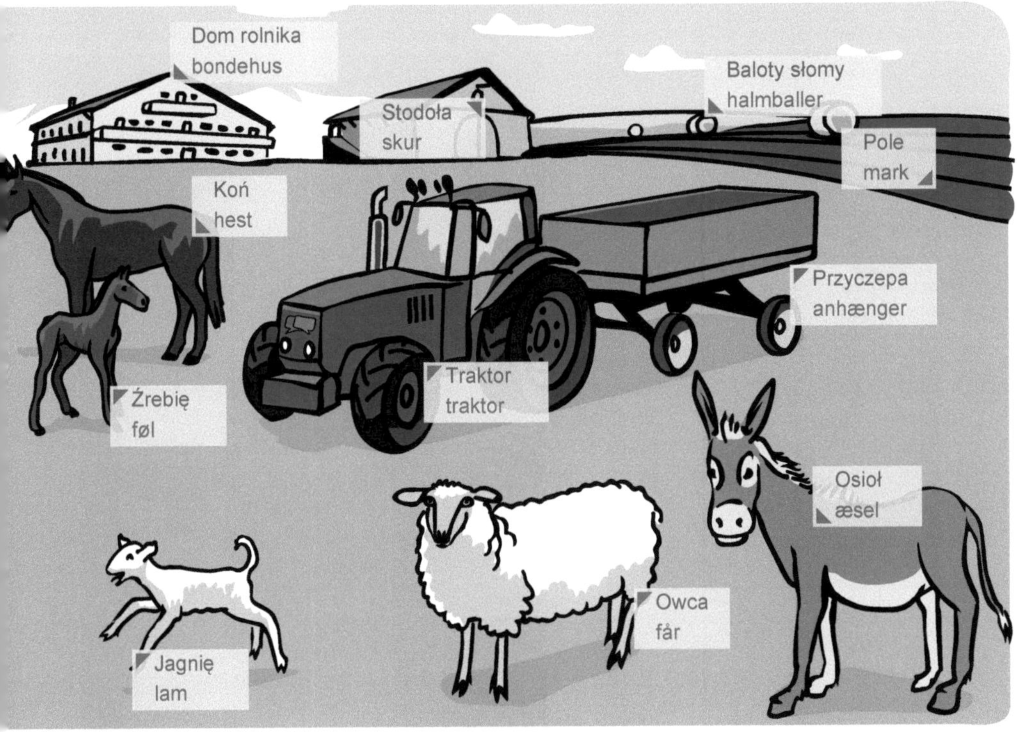
Dom rolnika
bondehus
Stodoła
skur
Baloty słomy
halmballer
Pole
mark
Koń
hest
Przyczepa
anhænger
Traktor
traktor
Źrebię
føl
Osioł
æsel
Owca
får
Jagnię
lam

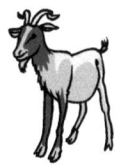

Koza

ged

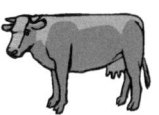

Krowa

ko

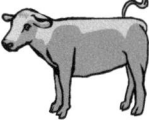

Cielę

kalv

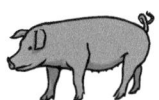

Świnia

svin

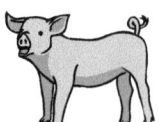

Prosię

gris

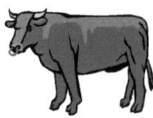

Byk

tyr

Gęś

gås

Kaczka

and

Kurczątko

kylling

Kura

høne

Kogut

hane

Szczur

rotte

Kot

kat

Mysz

mus

Osioł

okse

Pies

hund

Buda dla psa

hundehus

Wąż ogrodowy

haveslange

Konewka

vandkande

Kosa

le

Pług

plov

Sierp
....
segl

Graca
....
hakkejern

Widły
....
møggreb

Siekiera
....
økse

Taczka
....
trillebør

Koryto
....
trug

Kanka na mleko
....
mælkekande

Worek
....
sæk

Płot
....
hæk

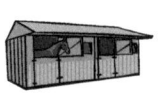

Stajnia
....
stald

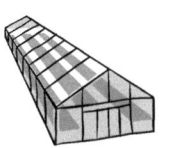

Szklarnia
....
drivhus

Ziemia
....
jord

Nasiona
....
frø

Nawóz
....
gødning

Kombajn zbożowy
....
mejetærsker

zbierać

høste

Żniwa

høst

Podchrzyn

yams

Pszenica

hvede

Soja

soja

Ziemniak

kartoffel

Kukurydza

majs

Rzepak

raps

Drzewo owocowe

frugttræ

Maniok

maniok

Zboże

korn

Komin
skorsten

Dach
tag

Rynna deszczowa
tagrende

Okno
vindue

Garaż
garage

Dzwonek
dørklokke

Drzwi
dør

Wiaderko na śmieci
skraldespand

Skrzynka na listy
postkasse

Ogród
have

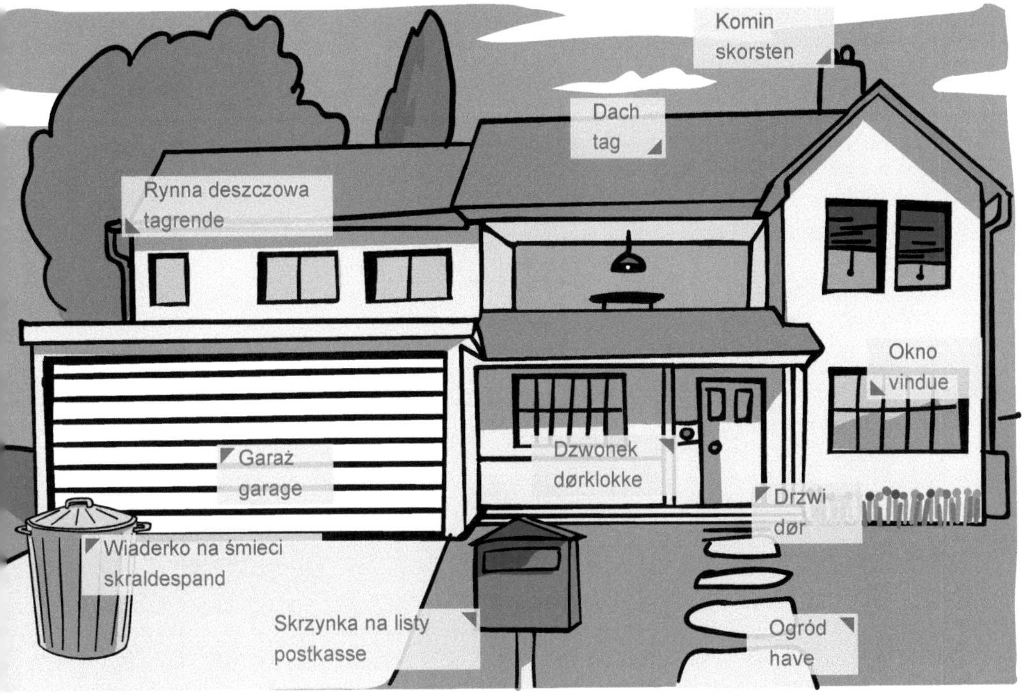

Pokój dzienny
stue

Łazienka
badeværelse

Kuchnia
køkken

Sypialnia
soveværelse

Pokój dziecięcy
børneværelse

Jadalnia
spisestue

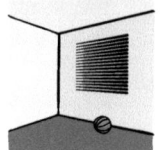

Ziemia

gulv

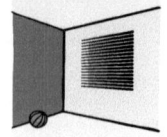

Ściana

væg

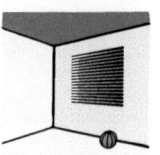

Koc

loft

Piwnica

kælder

Sauna

sauna

Balkon

altan

Taras

terrasse

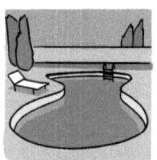

Basen

svømmehal

Kosiarka do trawy

plæneklipper

Poszwa

dynebetræk

Kołdra

dyne

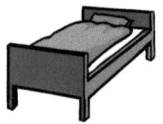

Łóżko

seng

Miotła

kost

Wiadro

spand

Włącznik

kontakt

Pokój dzienny

stue

Tapeta
tapet
Obraz
billede
Lampa
lampe
Regał
reol
Szafa
skab
Telewizor
fjernsyn
Komin
pejs
Kwiat
blomst
Poduszka
pude
Kanapa
sofa
Wazon
vase
Pilot
fjernbetjening

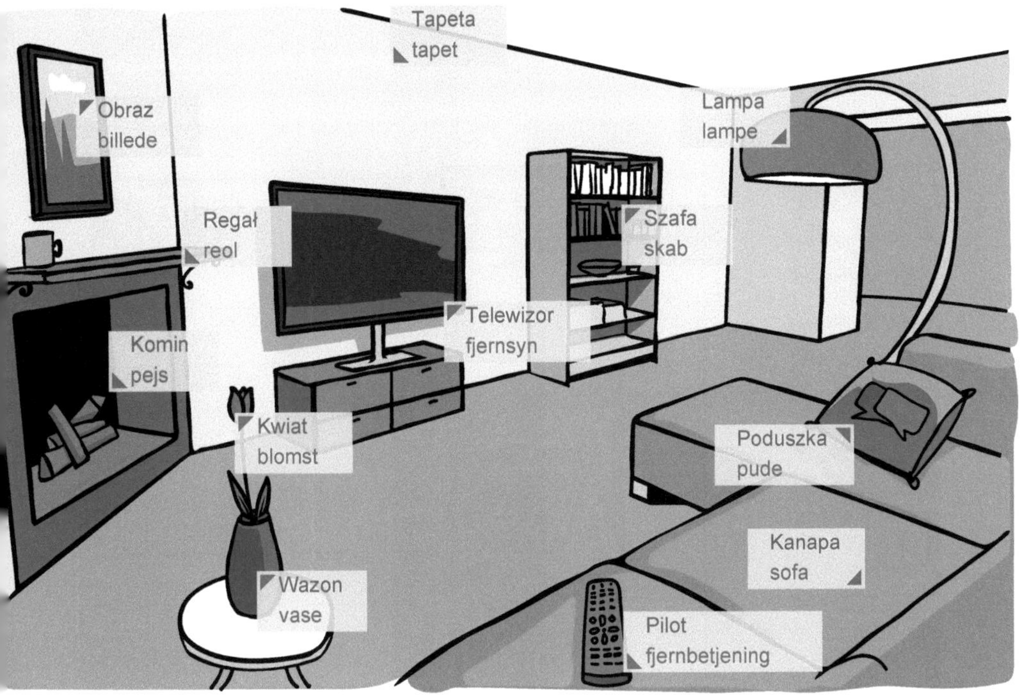

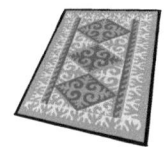

Dywan

gulvtæppe

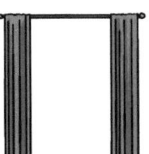

Zasłona

gardin

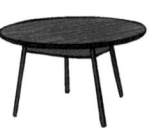

Stół

bord

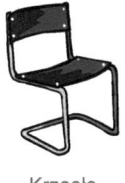

Krzesło

stol

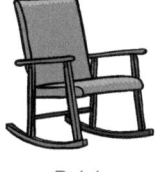

Bujak

gyngestol

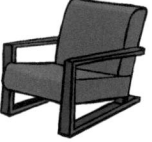

Fotel

lænestol

Książka

bog

Sufit

tæppe

Dekoracja

dekoration

Drewno kominkowe

brænde

Film

film

Instalacja stereo

stereoanlæg

Klucz

nøgle

Gazeta

avis

Malunek

maleri

Plakat

plakat

Radio

radio

Notatnik

notesblok

Odkurzacz

støvsuger

Kaktus

kaktus

Świeczka

lys

Kuchnia
køkken

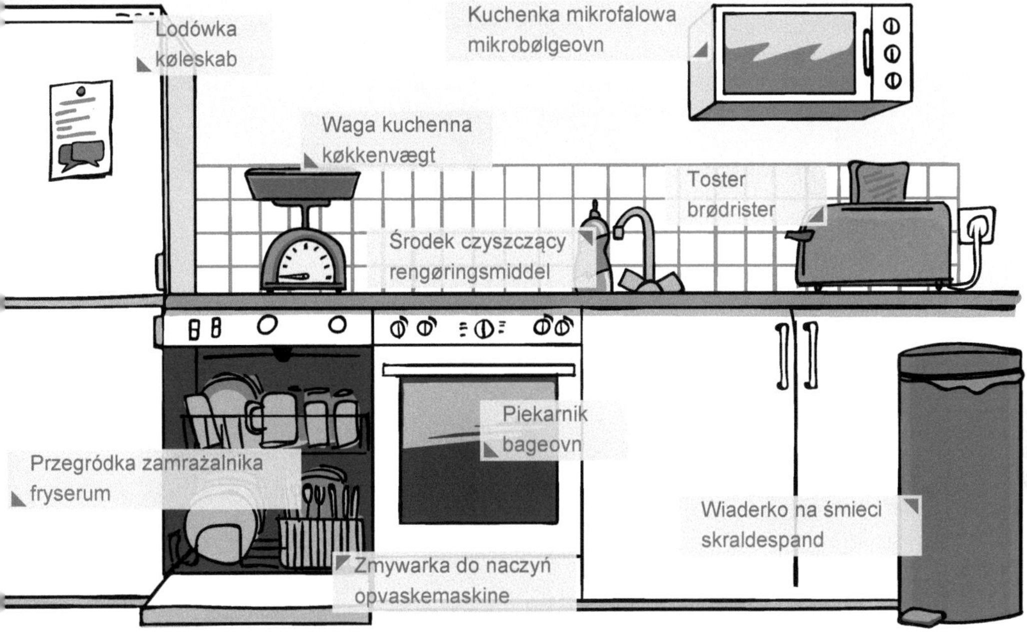
Lodówka
køleskab
Kuchenka mikrofalowa
mikrobølgeovn
Waga kuchenna
køkkenvægt
Toster
brødrister
Środek czyszczący
rengøringsmiddel
Piekarnik
bageovn
Przegródka zamrażalnika
fryserum
Wiaderko na śmieci
skraldespand
Zmywarka do naczyń
opvaskemaskine

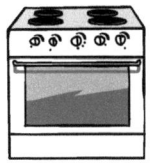

Kuchenka

komfur

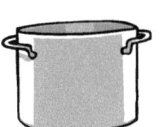

Garnek

gryde

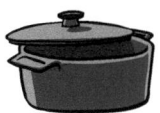

Kocioł żeliwny

jerngryde

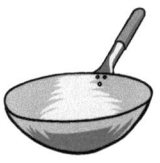

Wok / Kadai

wok / kadai

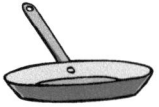

Patelnia

pande

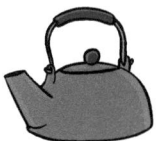

Czajnik

elkedel

Parowar

dampkoger

Blacha do pieczenia

bageplade

Naczynia kuchenne

service

Kubek

bæger

Miska

skål

Pałeczki

spisepinde

Nabierka

øseske

Łopatka do smażenia

paletkniv

Trzepaczka do śmietany

piskeris

Cedzak

dørslag

Sitko

si

Tarka

rive

Moździerz

morter

Grillowanie

grille

Palenisko

ildsted

Deska

skærebræt

Wałek do ciasta

kagerulle

Korkociąg

proptrækker

Puszka

dåse

Otwieracz do puszek

dåseåbner

Ściereczka do trzymania garnka

grydelap

Umywalka

køkkenvask

Szczotka

børste

Gąbka

svamp

Mikser

blender

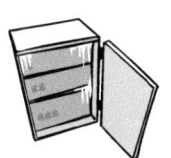

Zamrażarka

dybfryser

Butelka dla niemowlęcia

sutteflaske

Kran

vandhane

Łazienka
badeværelse

Ogrzewanie
radiator
Prysznic
brusebad
Ręcznik
håndklæde
Kotara prysznicowa
bruserforhæng
Płyn do kąpieli
skumbad
Wanna kąpielowa
badekar
Szklanka
glas
Pralka
vaskemaskine
Kran
vandhane
Kafelki
fliser
Nocnik
tissepotte
Umywalka
køkkenvask

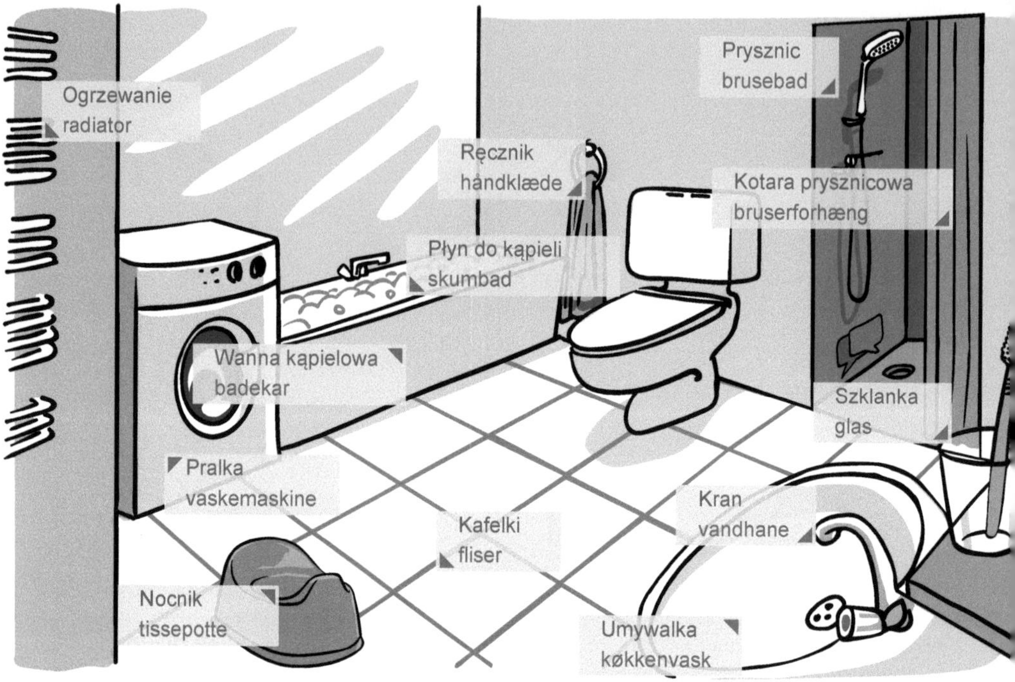

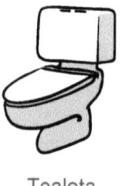

Toaleta
toilet

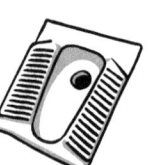

Toaleta kuczna
hugsiddende toilet

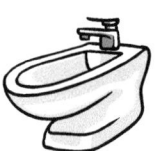

Bidet
bidet

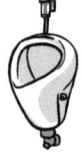

Pisuar
pissoir

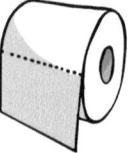

Papier toaletowy
toiletpapir

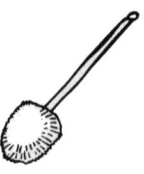

Szczotka toaletowa
toiletbørste

Szczoteczka do zębów

tandbørste

Pasta do zębów

tandpasta

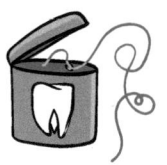

Nitki do czyszczenia zębów

tandtråd

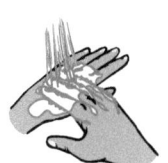

myć

vaske

Głowica prysznicowa

håndbruser

Płyn kąpielowy do higieny intymnej

intimbruser

Miska do mycia

vaskefad

Szczotka kąpielowa

badebørste

Mydło

sæbe

Żel prysznicowy

brusegele

Szampon

shampoo

Rękawica kąpielowa

vaskeklud

Odpływ

afløb

Krem

creme

Dezodorant

deodorant

Lustro
spejl

Lustro kosmetyczne
kosmetikspejl

Golarka
barberhøvl

Pianka do golenia
barberskum

Woda po goleniu
barbervand

Grzebień
kam

Szczotka
børste

Suszarka do włosów
hårtørrer

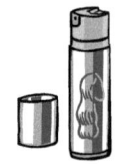

Spray do włosów
hårspray

Makijaż
makeup

Pomadka
læbestift

Lakier do paznokci
neglelak

Wata
vat

Nożyczki do paznokci
neglesaks

Perfum
parfume

Kosmetyczka

toilettaske

Taboret

skammel

Waga

vægt

Szlafrok kąpielowy

badekåbe

Rękawice gumowe

gummihandsker

Tampon

tampon

Podpaska damska

damebind

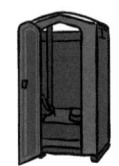

Toaleta chemiczna

kemisk toilet

Pokój dziecięcy
børneværelse

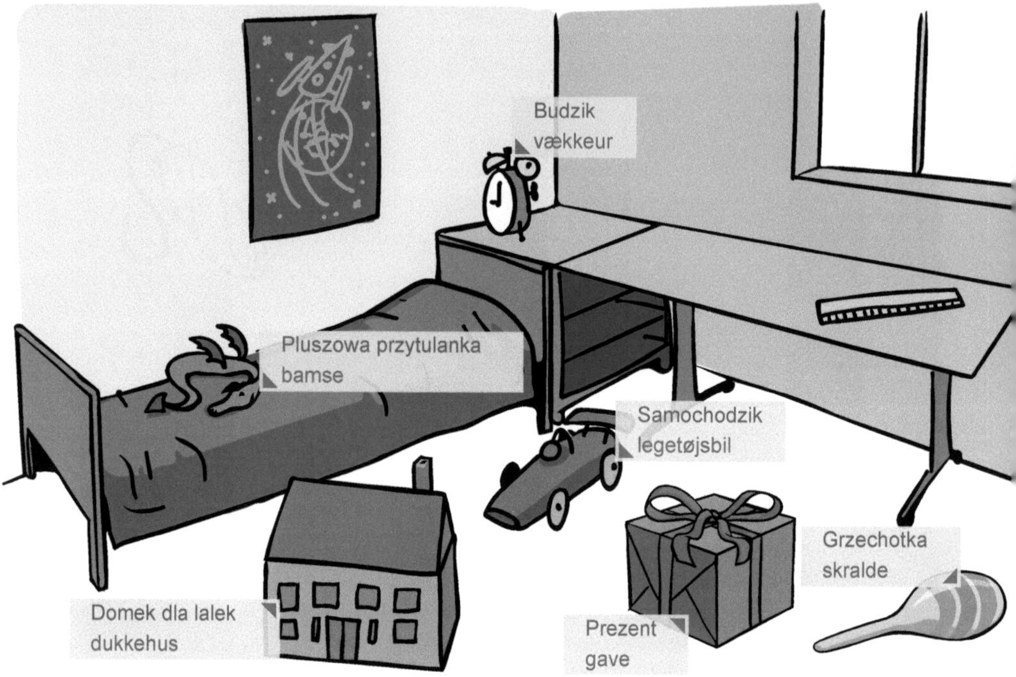
Budzik
vækkeur
Pluszowa przytulanka
bamse
Samochodzik
legetøjsbil
Grzechotka
skralde
Domek dla lalek
dukkehus
Prezent
gave

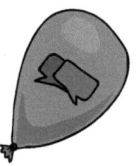

Balon
ballon

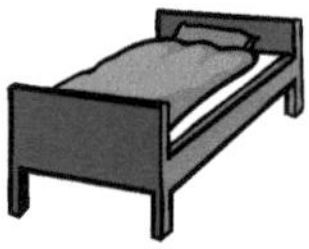

Łóżko
seng

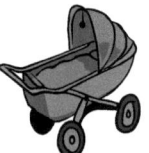

Wózek dziecięcy
barnevogn

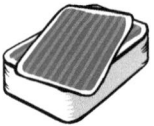

Gra w karty
kortspil

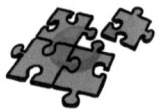

Puzzle
puslespil

Komiks
tegneserie

Klocki lego

legoklodser

Klocki

byggeklodser

Action figura

action figur

Śpioszek dziecięcy

sparkedragt

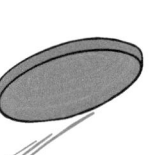

Frisbee

frisbee

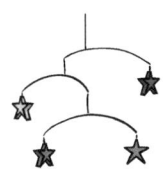

Zabawki ruchome

uro

Gra planszowa

brætspil

Kości

terning

Kolejka elektryczna

modeljernbane

Smoczek

sut

Przyjęcie

fest

Książka z ilustracjami

billedbog

Piłka

bold

Lalka

dukke

bawić się

lege

Piaskownica

sandkasse

Huśtawka

gynge

Zabawki

legetøj

Konsola do gier

spillekonsol

Rowerek trójkołowy

trehjulet cykel

Pluszowy miś

bamse

Szafa ubraniowa

klædeskab

Ubiór

tøj

Skarpety

sokker

Pończochy

strømper

Rajstopy

strømpebukser

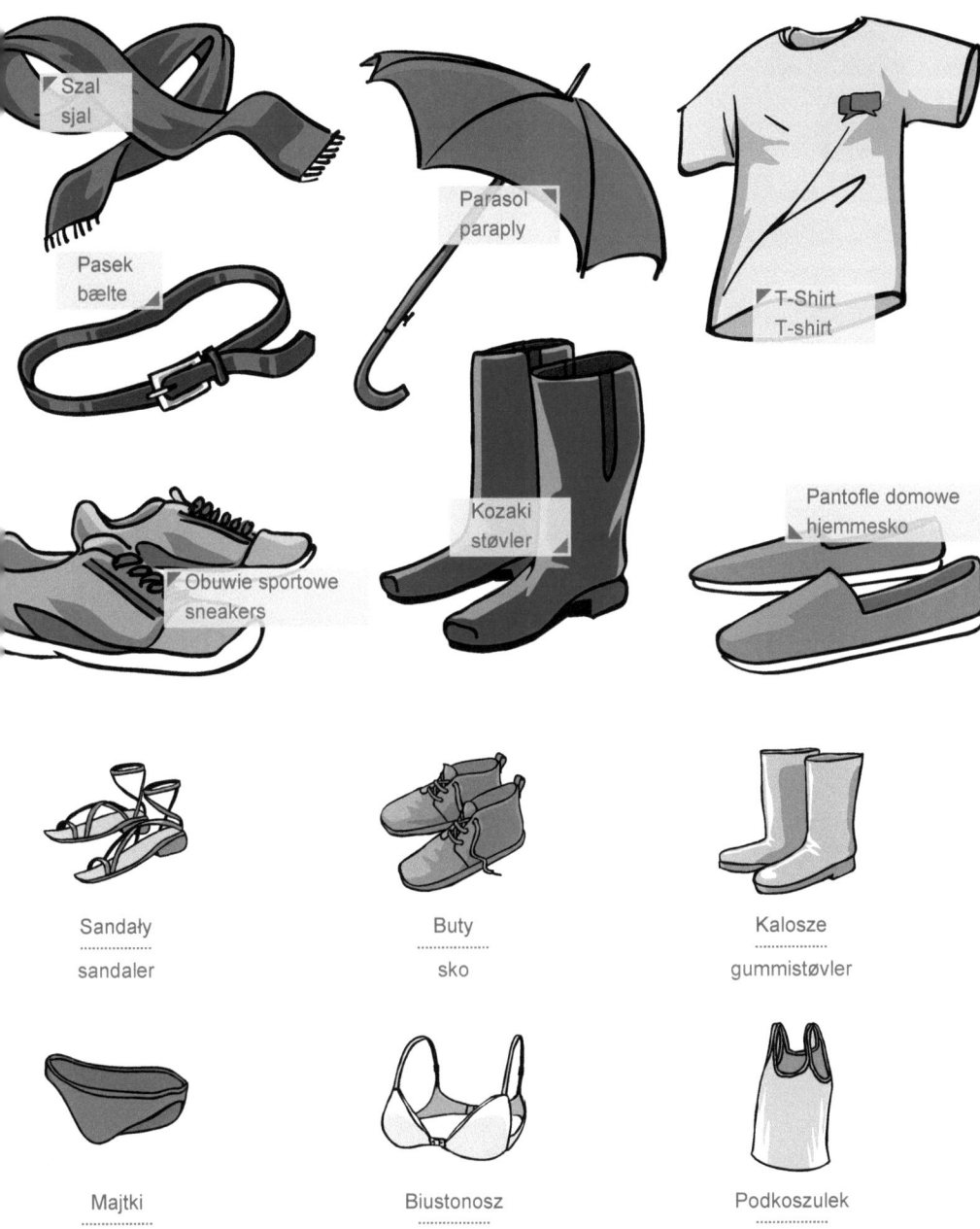

Szal
sjal

Parasol
paraply

T-Shirt
T-shirt

Pasek
bælte

Kozaki
støvler

Pantofle domowe
hjemmesko

Obuwie sportowe
sneakers

Sandały
sandaler

Buty
sko

Kalosze
gummistøvler

Majtki
underbukser

Biustonosz
BH

Podkoszulek
undertrøje

Body
body

Spodnie
bukser

Dżins
jeans

Spódnica
nederdel

Bluzka
bluse

Koszula
skjorte

Pulower
pullover

Bluza sportowa
sweatshirt

Marynarka
blazer

Kurtka
jakke

Płaszcz
frakke

Płaszcz przeciwdeszczowy
regnfrakke

Kostium
kostume

Sukienka
kjole

Suknia ślubna
brudekjole

Garnitur męski

jakkesæt

Koszula nocna

nattrøje

Piżama

pyjamas

Sari

sari

Chusta na głowę

hovedtørklæde

Turban

turban

Burka

burka

Kaftan

kaftan

Abaya

abaya

Strój kąpielowy

badedragt

Kąpielówki

badebukser

Krótkie spodnie

korte bukser

Dres sportowy

træningsdragt

Fartuch

forklæde

Rękawiczki

handsker

Guzik

knap

Okulary

briller

Bransoletka

armbånd

Łańcuszek

kæde

Pierścionek

ring

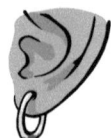

Kolczyk

ørering

Czapka

hue

Wieszak

bøjle

Kapelusz

hat

Krawat

slips

Zamek błyskawiczny

lynlås

Kask

hjelm

Szelki

seler

Mundurek szkolny

skoleuniform

Mundur

uniform

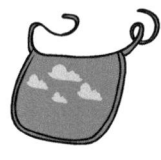

Śliniaczek

hagesmæk

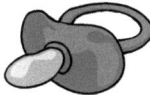

Smoczek

sut

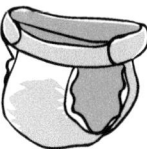

Pieluszka

ble

Biuro
kontor

Serwer
server
Szafa na akta
arkivskab
Drukarka
printer
Papier
papir
Monitor
skærm
Mysz
mus
Biurko
skrivebord
Segregator
mappe
Klawiatura
tastatur
Kosz na odpadki
papirkurv
Komputer
computer
Krzesło
stol

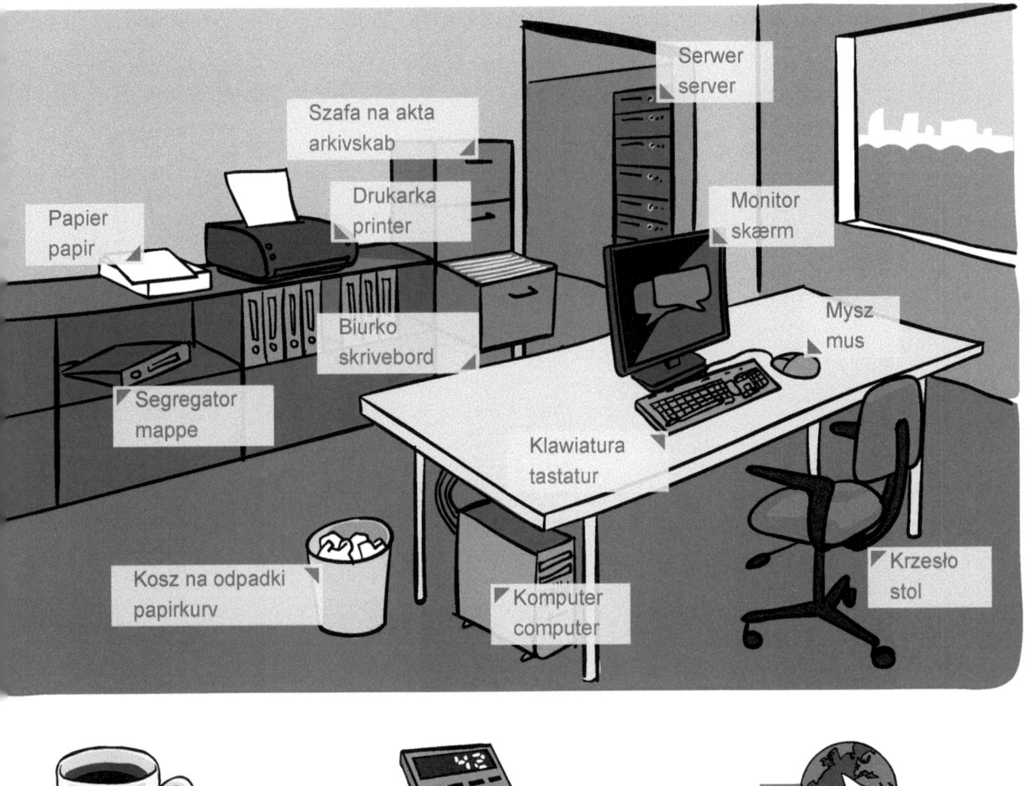

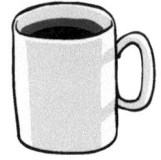

Filiżanka do kawy

kaffekrus

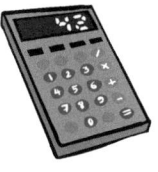

Kalkulator

lommeregner

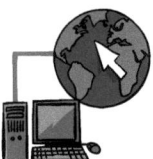

Internet

internet

Laptop

bærbar

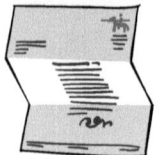

List

brev

Wiadomość

besked

Komórka

mobil

Sieć

netværk

Kopiarka

kopimaskine

Oprogramowanie

software

Telefon

telefon

Gniazdko

stikdåse

Faks

fax

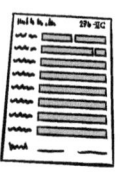

Formularz

formular

Dokument

dokument

kupić
....
købe

płacić
....
betale

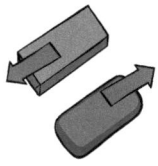

postępować
....
handle

Pieniądze
....
penge

Dolar
....
dollar

Euro
....
euro

Jen
....
yen

Rubel
....
rubel

Frank
....
schweizerfranc

Juan Renminbi
....
renminbi yuan

Rupia
....
rupee

Bankomat
....
hæveautomat

Kantor wymiany walut

vekselkontor

Złoto

guld

Srebro

sølv

Olej

olie

Energia

energi

Cena

pris

Umowa

kontrakt

Podatek

skat

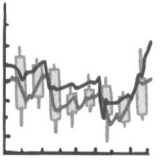

Akcja

aktie

pracować

arbejde

Pracownik umysłowy

ansat

Pracodawca

arbejdsgiver

Fabryka

fabrik

Sklep

butik

Policjant
politimand

Strażak
brandmand

Kucharz
kok

Lekarz
læge

Pilot
pilot

Ogrodnik

gartner

Stolarz

tømrer

Krawcowa

syerske

Sędzia

dommer

Chemik

kemiker

Aktor

skuespiller

Kierowca autobusu

buschauffør

Taksówkarz

taxachauffør

Fischer

fisker

Sprzątaczka

rengøringskone

Dekarz

tagdækker

Kelner

tjener

Myśliwy

jæger

Malarz

maler

Piekarz

bager

Elektryk

elektriker

Robotnik budowlany

bygningsarbejder

Inżynier

ingeniør

Rzeźnik

slagter

Instalator

vvs-mand

Listonosz

postbud

Żołnierz

soldat

Architekt

arkitekt

Kasjer

kasserer

Florysta

blomsterhandler

Fryzjer

frisør

Konduktor

togfører

Mechanik

mekaniker

Kapitan

kaptajn

Dentysta

tandlæge

Naukowiec

videnskabsmand

Rabin

rabbiner

Imam

imam

Mnich

munk

Proboszcz

præst

Narzędzia
værktøj

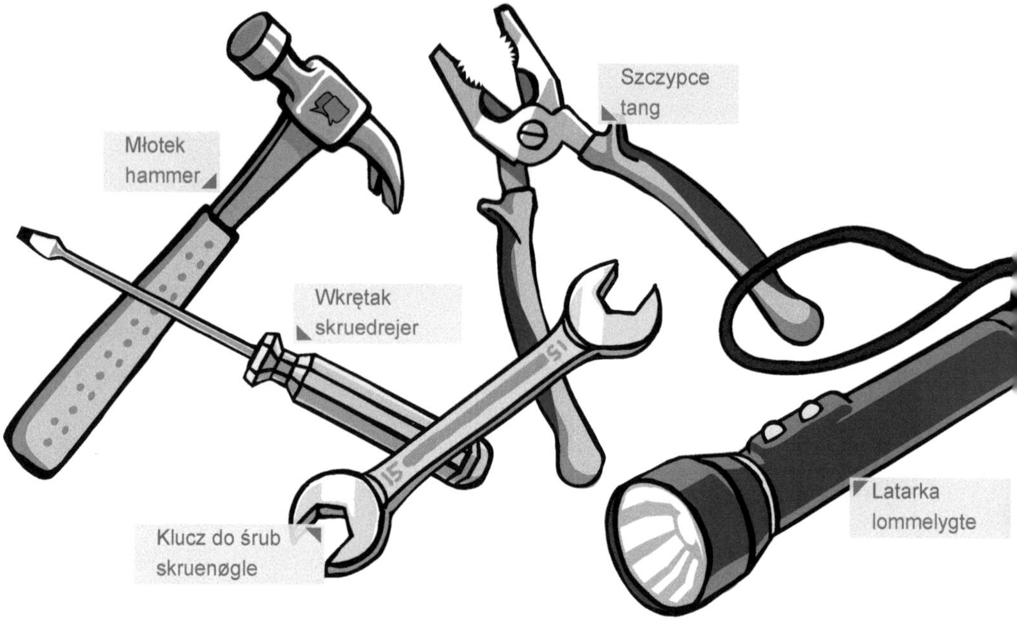
Młotek
hammer
Szczypce
tang
Wkrętak
skruedrejer
Klucz do śrub
skruenøgle
Latarka
lommelygte

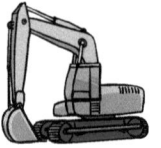

Koparka

gravemaskine

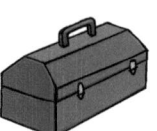

Skrzynka narzędziowa

værktøjskasse

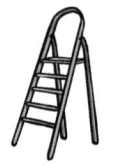

Drabina

stige

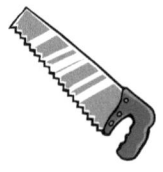

Piła

sav

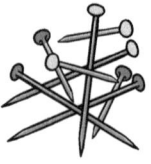

Gwoździe

søm

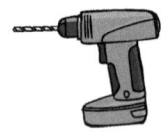

Wiertło

bor

naprawić
....
reparere

Łopatka
....
skovl

Cholera!
....
Lort!

Szufelka
....
fejebakke

Puszka z farbą
....
malerspand

Śruby
....
skruer

Instrumenty muzyczne
musikinstrumenter

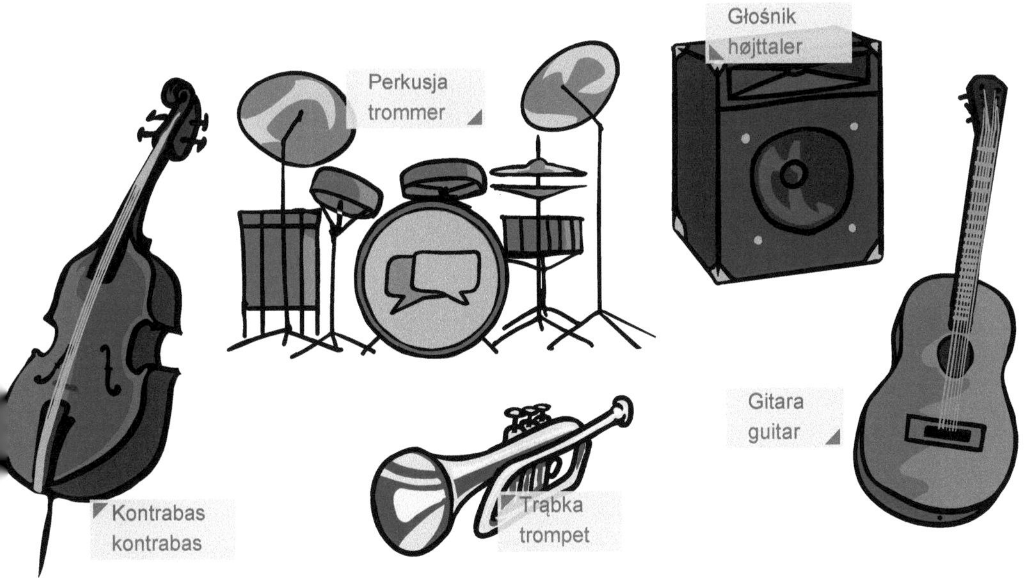

Głośnik
højttaler

Perkusja
trommer

Kontrabas
kontrabas

Trąbka
trompet

Gitara
guitar

Pianino

klaver

Skrzypce

violin

Bas

bas

Kotły

pauke

Bęben

tromme

Keyboard

keyboard

Saksofon

saxofon

Flet

fløjte

Mikrofon

mikrofon

Zoo

zoo

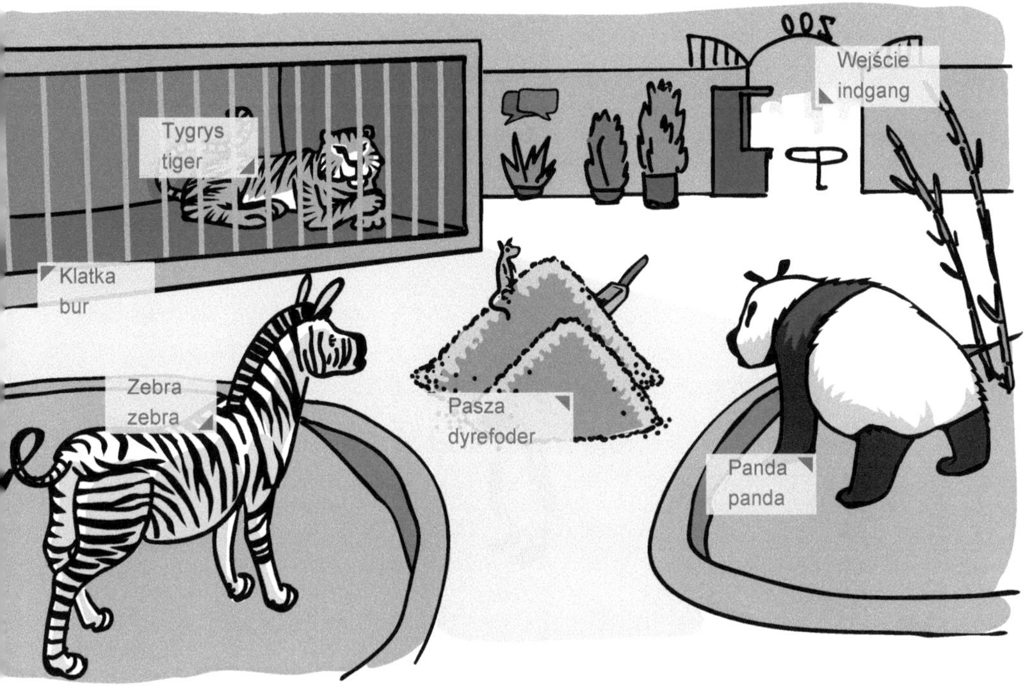

Tygrys
tiger
Wejście
indgang
Klatka
bur
Zebra
zebra
Pasza
dyrefoder
Panda
panda

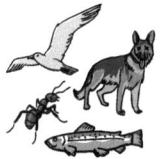

Zwierzęta

dyr

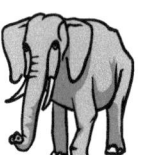

Słoń

elefant

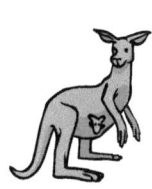

Kangur

kænguru

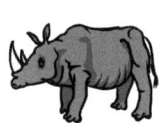

Nosorożec

næsehorn

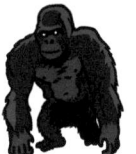

Goryl

gorilla

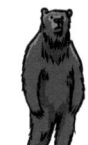

Niedźwiedź

bjørn

Wielbłąd

kamel

Struś

struds

Lew

løve

Małpa

abe

Fleming

flamingo

Papuga

papegøje

Niedźwiedź polarny

isbjørn

Pingwin

pingvin

Rekin

haj

Paw

påfugl

Wąż

slange

Krokodyl

krokodille

Dozorca w zoo

dyrepasser

Foka

sæl

Jaguar

jaguar

Zoo - zoo

Kucyk

pony

Gepard

leopard

Hipopotam

flodhest

Żyrafa

giraf

Orzeł

ørn

Dzik

vildsvin

Ryba

fisk

Żółw

skildpadde

Mors

hvalros

Lis

ræv

Gazela

gazelle

Futbol amerykański
amerikansk football

Kolarstwo
cykling

Tenis
tennis

Koszykówka
basketball

Pływanie
svømning

Boks
boksning

Hokej na lodzie
ishockey

Piłka nożna	Badminton	Lekka atletyka
fodbold	badminton	atletik
Piłka ręczna	Narciarstwo	Polo
håndbold	skiløb	polo

Działania
aktiviteter

skakać
springe
objąć
give et knus
śmiać się
grine
iść
gå
śpiewać
synge
marzyć
drømme
modlić się
bede
całować
kysse

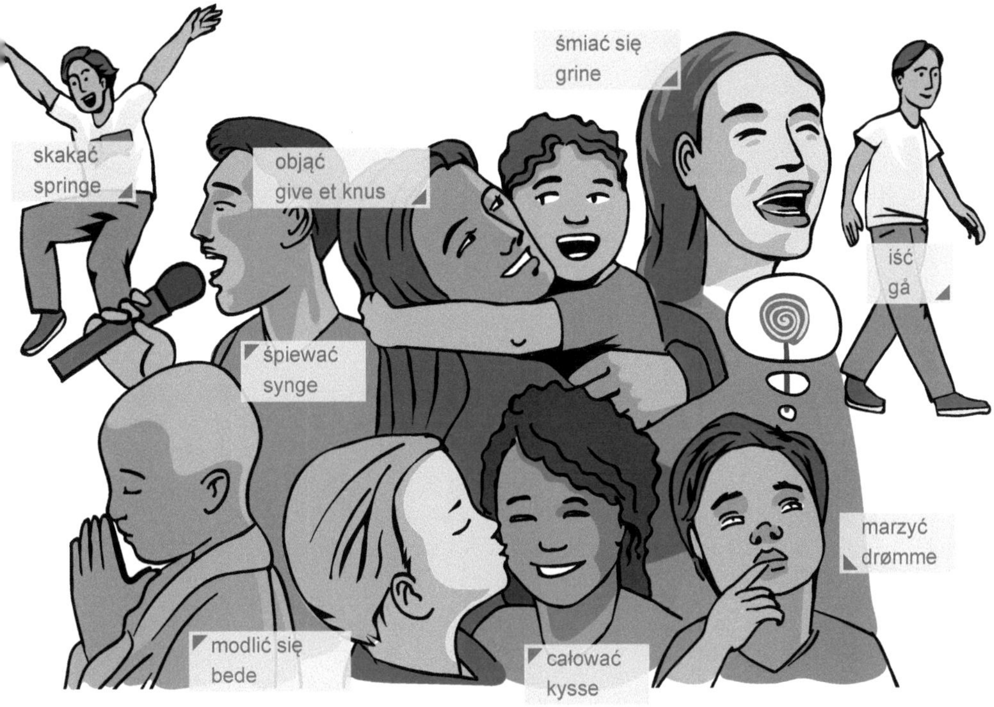

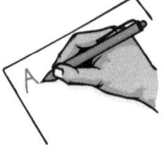

pisać
skrive

rysować
tegne

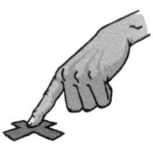

pokazywać
vise

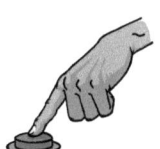

nacisnąć
skubbe

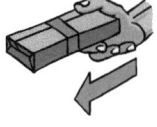

dać
give

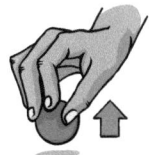

wziąć
tage

mieć
have

robić
gøre

być
være

stać
stå

biegać
løbe

ciągnąć
trække

rzucać
kaste

spaść
falde

leżeć
ligge

czekać
vente

nosić
bære

siedzieć
sidde

zakładać
tage på

spać
sove

budzić się
vågne

spojrzeć

se på

płakać

græde

głaskać

ae

czesać się

kæmme

mówić

tale

rozumieć

forstå

pytać

spørge

słyszeć

høre

pić

drikke

jeść

spise

sprzątać

rydde op

kochać

elske

gotować

koge

jechać

køre

latać

flyve

żeglować

sejle

liczyć

regne

czytać

læse

uczyć się

lære

pracować

arbejde

wejść w związek małżeński

gifte sig med

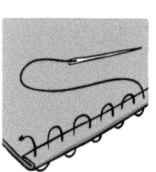

szyć

sy

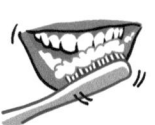

myć zęby

børste tænder

zabić

dræbe

palić tytoń

ryge

wysłać

sende

Rodzina
familie

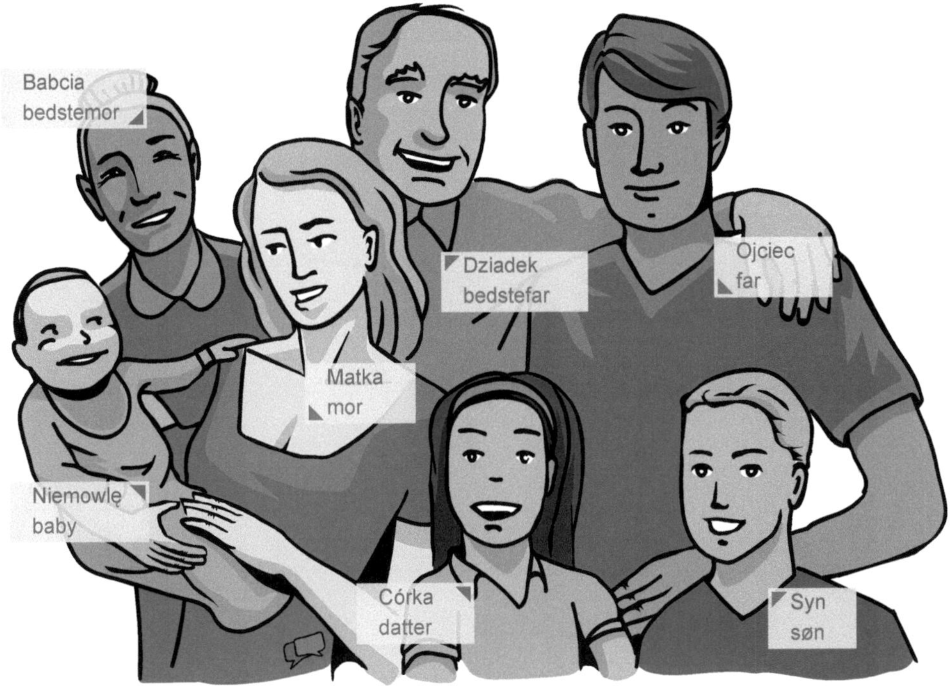
Babcia
bedstemor
Dziadek
bedstefar
Ojciec
far
Matka
mor
Niemowlę
baby
Córka
datter
Syn
søn

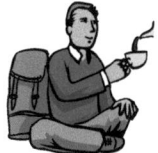

Gość
gæst

Ciotka
tante

Wujek
onkel

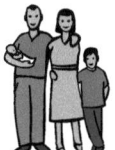

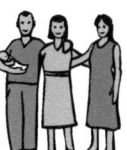

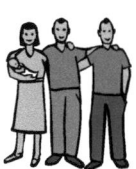

Brat
bror

Siostra
søster

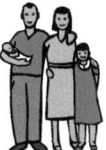

Ciało

krop

Czoło
pande
Oko
øje
Ramię
skulder
Palec
finger
Twarz
ansigt
Broda
hage
Ręka
hånd
Noga
ben
Pierś
bryst
Ramię
arm

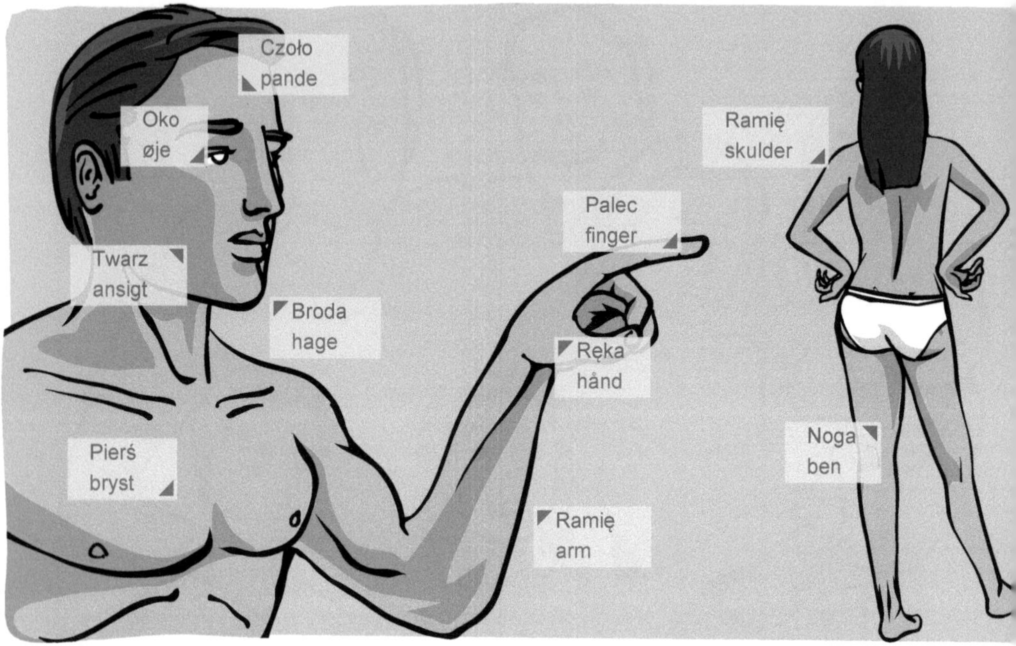

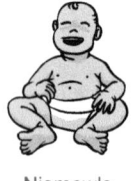

Niemowlę

baby

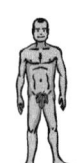

Mężczyzna

mand

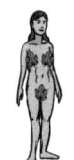

Kobieta

kvinde

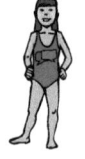

Dziewczyna

pige

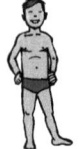

Chłopiec

dreng

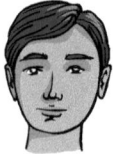

Głowa

hoved

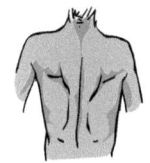

Plecy

ryg

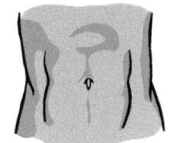

Brzuch

mave

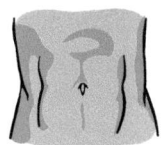

Pępek

navle

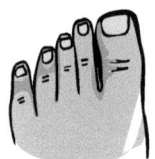

palec nogi

tå

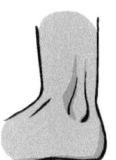

Pięta

hæl

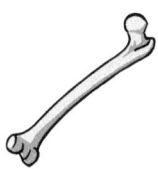

Kość

knogle

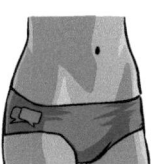

Biodro

hofte

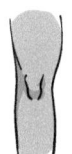

Kolano

knæ

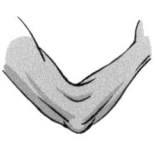

Łokieć

albue

Nos

næse

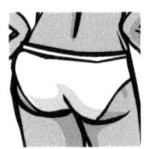

Pośladki

bagdel

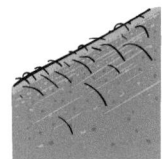

Skóra

hud

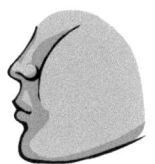

Policzek

kind

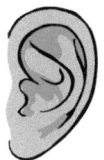

Uszy

øre

Warga

læbe

Usta

mund

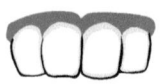

Ząb

tand

Język

tunge

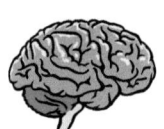

Mózg

hjerne

Serce

hjerte

Mięsień

muskel

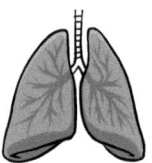

Płuca

lunge

Wątroba

lever

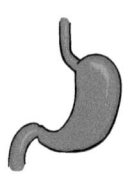

Żołądek

mavesæk

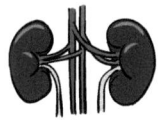

Nerki

nyrer

Stosunek płciowy

sex

Kondom

kondom

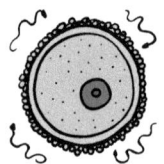

Komórka jajowa

ægcelle

Sperma

sperm

Ciąża

svangerskab

Ciało - krop

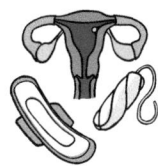

Menstruacja

menstruation

Wagina

vagina

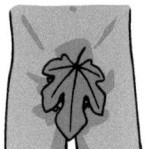

Penis

penis

Brew

øjenbryn

Włosy

hår

Szyja

hals

Szpital
sygehus

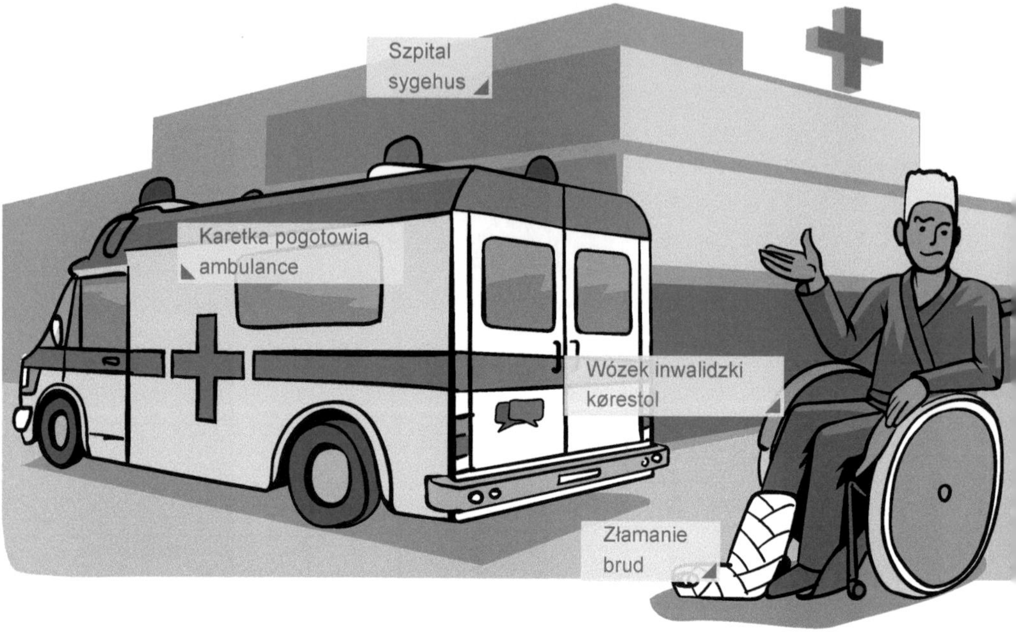

Szpital
sygehus
Karetka pogotowia
ambulance
Wózek inwalidzki
kørestol
Złamanie
brud

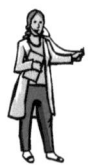

Lekarz

læge

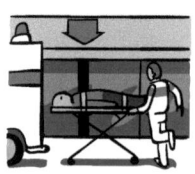

Izba przyjęć

akutmodtagelse

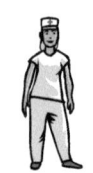

Pielęgniarka

sygeplejerske

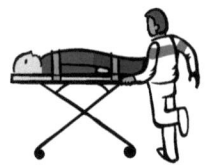

Nagły przypadek

nødstilfælde

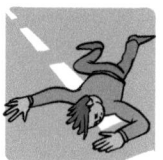

nieprzytomny

bevidstløs

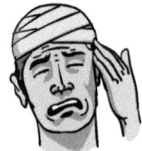

Ból

smerte

Skaleczenie

skade

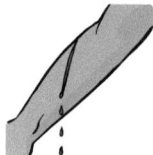

Krwawienie

blødning

Zawał serca

hjerteinfarkt

Udar mózgu

slagtilfælde

Alergia

allergi

Kaszleć

hoste

Gorączka

feber

Grypa

influenza

Biegunka

diarré

Ból głowy

hovedpine

Rak

kræft

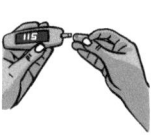

Cukrzyca

diabetes

Chirurg

kirurg

Skalpel

skalpel

Operacja

operation

CT

CT

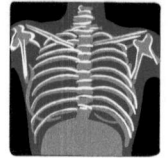

Rentgen

røntgen

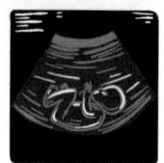

Ultradźwięki

ultralyd

Maska

maske

Choroba

sygdom

Poczekalnia

venteværelse

Kula

krykke

Plaster

plaster

Opatrunek

forbinding

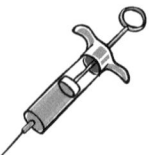

Iniekcja

injektion

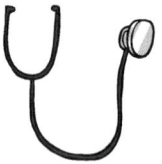

Stetoskop

stetoskop

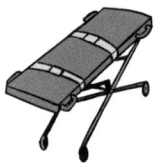

Nosze

båre

Termometr

termometer

Poród

fødsel

Nadwaga

overvægt

Aparat słuchowy

høreapparat

Środek dezynfekcyjny

desinficerende middel

Infekcja

infektion

Wirus

virus

HIV / AIDS

HIV / AIDS

Medycyna

medicin

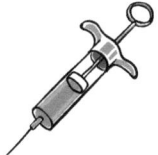

Szczepienie

vaccination

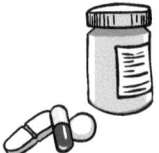

Tabletki

tabletter

Pigułka

pille

Telefon ratunkowy

nødopkald

Ciśnieniomierz krwi

blodtryksmåler

chory / zdrowy

syg / rask

Pomocy!

Hjælp!

Alarm

alarm

Napad

overfald

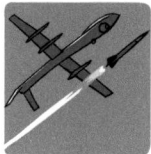

Atak

angreb

Niebezpieczeństwo

fare

Wyjście awaryjne

nødudgang

Pożar!

Det brænder!

Gaśnica

ildslukker

Wypadek

uheld

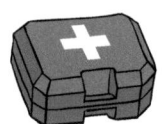

Walizeczka pierwszej pomocy

førstehjælps-kuffert

SOS

SOS

Policja

politi

Europa

Europa

Ameryka Północna

Nordamerika

Ameryka Południowa

Sydamerika

Afryka

Afrika

Azja

Asien

Australia

Australien

Atlantyk

Atlanterhavet

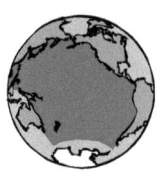

Pacyfik

Stillehavet

Ocean Indyjski

Indiske Ocean

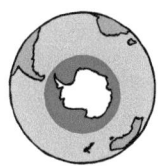

Ocean Antarktyczny

Sydlige Ishav

Ocean Arktyczny

Ishav

Biegun północny

Nordpol

Biegun południowy

Sydpol

Antarktyda

Antarktis

Ziemia

Jorden

Kraj

land

Morze

hav

Wyspa

ø

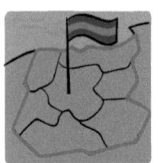

Naród

nation

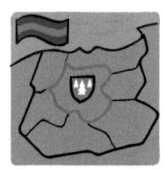

Państwo

stat

Cyferblat

urskive

Wskazówka godzinowa

timeviser

Wskazówka minutowa

minutviser

Wskazówka sekundowa

sekundviser

Która godzina?

Hvad er klokken?

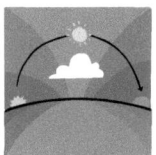

Dzień

dag

Czas

tid

teraz

nu

Zegarek digitalny

digitalur

Minuta

minut

Godzina

time

Tydzień
uge

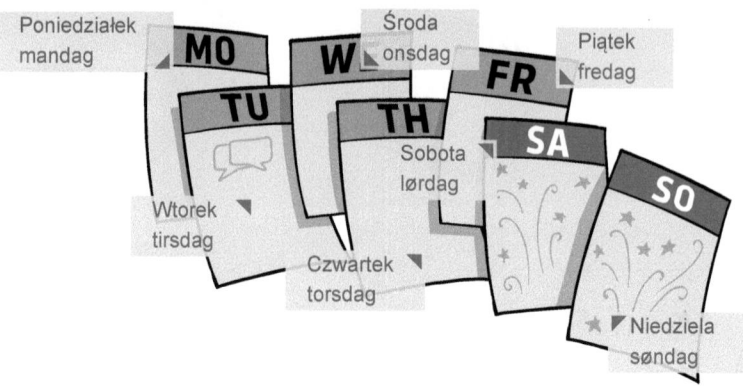

Poniedziałek — mandag — **MO**
Środa — onsdag — **W**
Piątek — fredag — **FR**
TU
TH
Wtorek — tirsdag
Sobota — lørdag — **SA**
SO
Czwartek — torsdag
Niedziela — søndag

wczoraj
....
i går

dzisiaj
....
i dag

jutro
....
i morgen

Rano
....
morgen

Południe
....
middag

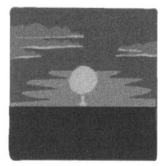

Wieczór
....
aften

MO	TU	WE	TH	FR	SA	SU
1	2	3	4	5	6	7
8	9	10	11	12	13	14
15	16	17	18	19	20	21
22	23	24	25	26	27	28
29	30	31	1	2	3	4

Dni robocze
....
arbejdsdage

MO	TU	WE	TH	FR	SA	SU
1	2	3	4	5	6	7
8	9	10	11	12	13	14
15	16	17	18	19	20	21
22	23	24	25	26	27	28
29	30	31	1	2	3	4

Weekend
....
weekend

Rok
år

Deszcz
regn
Tęcza
regnbue
Wiatr
vind
Śnieg
sne
Wiosna
forår
Jesień
efterår
Lato
sommer
Zima
vinter

4.APRIL 11°
5.APRIL 4°
6.APRIL 13°
7.APRIL 8°
8.APRIL 10°

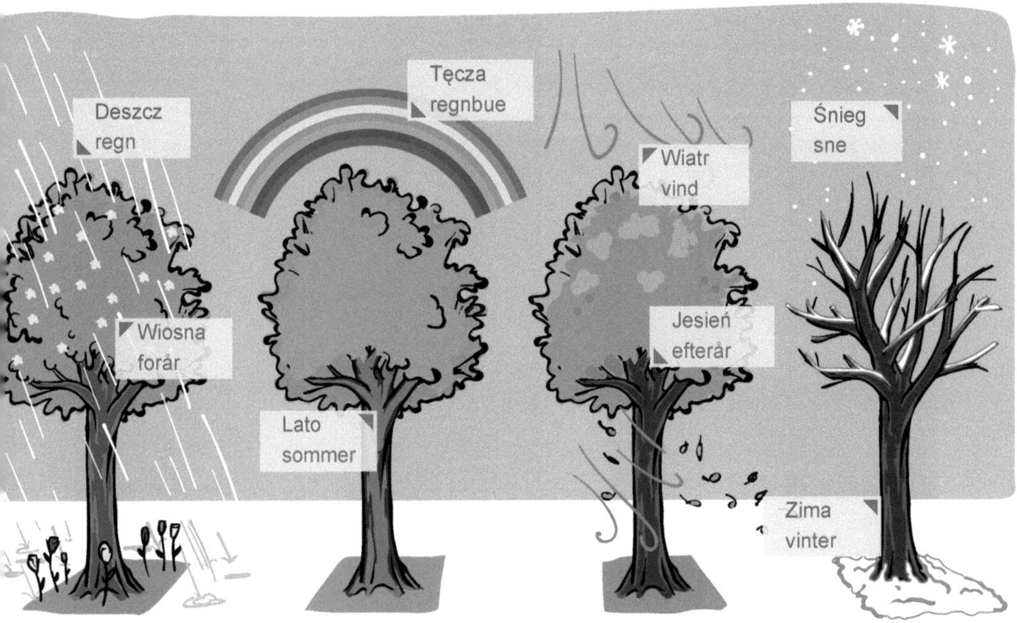

Prognoza pogody

vejrudsigt

F C
120 40
90 30
60 20
30 10
0 0
-30 -10
-20

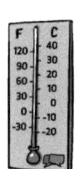

Termometr

termometer

Światło słoneczne

solskin

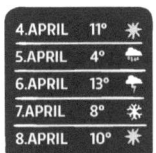

Chmura

sky

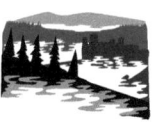

Mgła

tåge

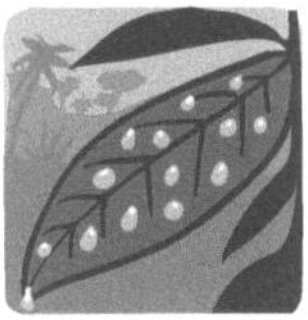

Wilgotność powietrza

luftfugtighed

Błyskawica
lyn

Grzmot
torden

Sztorm
storm

Grad
hagl

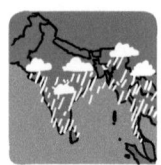

Monsun
monsun

Potop
flod

Lód
is

Styczeń
januar

Luty
februar

Marzec
marts

Kwiecień
april

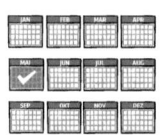

Maj
maj

Czerwiec
juni

Lipiec
juli

Sierpień
august

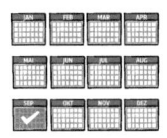

Wrzesień
....
september

Październik
....
oktober

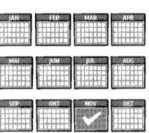

Listopad
....
november

Grudzień
....
december

Kształty
former

Koło
....
cirkel

Kwadrat
....
kvadrat

Prostokąt
....
firkant

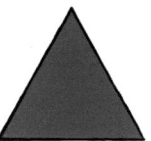

Trójkąt
....
trekant

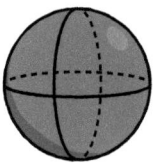

Kula
....
kugle

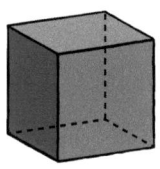

Sześcian
....
terning

biały
hvid

żółty
gul

pomarańczowy
orange

różowy
pink

czerwony
rød

liliowy
lilla

niebieski
blå

zielony
grøn

brązowy
brun

szary
grå

czarny
sort

dużo / mało

meget / lidt

wściekły / spokojny

rasende / fredelig

piękny / brzydki

smuk / grim

początek / koniec

begyndelse / slut

duży / mały

stor / lille

jasny / ciemny

lys / mørk

brat / siostra

bror / søster

czysty / brudny

ren / snavset

kompletny / niekompletny

fuldkommen / ufuldkommen

dzień / noc

dag / nat

umarły / żywy

død / levende

szeroki / wąski

bred / smal

jadalny / niejadalny
....
spiselig / uspiselig

zły / uprzejmy
....
vred / venlig

podniecony / znudzony
....
ophidset / kedet

gruby / chudy
....
tyk / tynd

najpierw / na końcu
....
først / sidst

przyjaciel / wróg
....
ven / fjende

pełen / pusty
....
fuld / tom

twardy / miękki
....
hård / blød

ciężki / lekki
....
tung / let

głód / pragnienie
....
sult / tørst

chory / zdrowy
....
syg / rask

nielegalny / legalny
....
illegal / legal

inteligentny / głupi
....
intelligent / dum

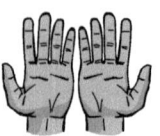

lewo / prawo
....
venstre / højre

bliski / daleki
....
nær / fjern

nowy / używany

ny / brugt

nic / coś

intet / noget

stary / młody

gammel / ung

włącz / wyłącz

tændt / slukket

otwarty / zamknięty

åben / lukket

cichy / głośny

stille / højt

bogaty / biedny

rig / fattig

prawidłowy / błędny

rigtig / forkert

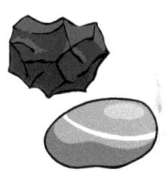

chropowaty / gładki

ru / glat

smutny / szczęśliwy

ked af det / lykkelig

krótki / długi

kort / lang

powolny / szybki

langsom / hurtig

mokry/suchy

våd / tør

ciepły / chłodny

varm / kold

wojna / pokój

krig / fred

0	**1**	**2**
zero	jeden	dwa
nul	en	to

3	**4**	**5**
trzy	cztery	pięć
tre	fire	fem

6	**7**	**8**
sześć	siedem	osiem
seks	syv	otte

9	**10**	**11**
dziewięć	dziesięć	jedenaście
ni	ti	elleve

12

dwanaście

tolv

13

trzynaście

tretten

14

czternaście

fjorten

15

piętnaście

femten

16

szesnaście

seksten

17

siedemnaście

sytten

18

osiemnaście

atten

19

dziewiętnaście

nitten

20

dwadzieścia

tyve

100

sto

hundrede

1.000

tysiąc

tusinde

1.000.000

milion

million

Angielski

engelsk

Angielski amerykański

amerikansk engelsk

Chiński mandaryński

kinesisk mandarin

Hindi

hindi

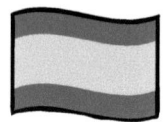

Hiszpański

spansk

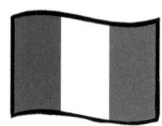

Francuski

fransk

Arabski

arabisk

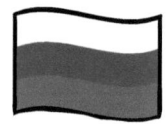

Rosyjski

russisk

Portugalski

portugisisk

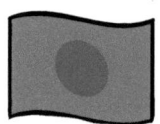

Bengalski

bengalsk

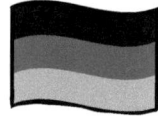

Niemiecki

tysk

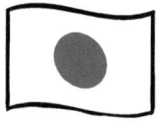

Japoński

japansk

ja
jeg

ty
du

on / ona / ono
han / hun / den / det

my
vi

wy
I

oni
de

kto?
hvem?

co?
hvad?

jak?
hvordan?

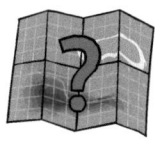

gdzie?
hvor?

kiedy?
hvornår?

Nazwisko
navn

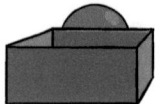

za

bag

w

i

przed

foran

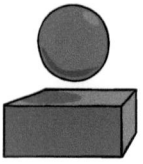

powyżej

over

na

på

pod

under

obok

ved siden af

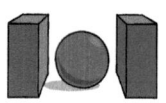

między

imellem

Miejsce

sted